راشد سعيد مبارك.. قارئ مُهتمٌّ بالتاريخ العربي والإسلامي، وبِكُلِّ ما يتعلَّق بالنهضة والحضارة الإسلامية في عصرها الذهبي.

الإهـداء

أهدي هذا الكتاب إلى أبي وأمي وإخوتي وزوجتي وولدي العزيز.

راشد سعيد

مختصر تاريخ المذاهب الإسلامية

AUSTIN MACAULEY PUBLISHERS™

LONDON • CAMBRIDGE • NEW YORK • SHARJAH

الفهرس

بسم الله الرحمن الرحيم

﴿... يَرْفَعِ اللَّهُ الَّذِينَ آمَنُوا مِنكُمْ وَالَّذِينَ أُوتُوا الْعِلْمَ دَرَجَاتٍ ...﴾

صدق الله العظيم

المقدمة

الحمد لله والصلاة والسلام على أشرف خلق الله سيدنا ونبينا محمد بن عبد الله وعلى آله وصحبه ومن والاه أما بعد... سنتناول في بحثنا هذا المختصر تاريخ المذاهب الإسلامية في القرون الهجرية الثلاثة الأولى، منذ بداية نشأة أقدم هذه المذاهب الإسلامية وحتى نهاية القرن الهجري الثالث، وكلنا أمل بعد الله سبحانه وتعالى بأن نفيد القارئ العادي غير المتخصص حول نشأة هذه المذاهب الإسلامية المتنوعة في الحقيقة. ولقد استطعنا قدر الامكان أن نختصر ذلك قدر المستطاع وبدون الخوض في التفاصيل الدقيقة؛ خشية الإطالة على القارئ المبتدئ والعادي غير المتخصص، ونسأل الله سبحانه وتعالى أن نكون قد وُفِّقنا في بحثنا هذا، المختصر والمتواضع، وأن يكون في ميزان حسناتنا يوم القيامة، والله سبحانه وتعالى من وراء القصد.

الفصل الاول
المذهب الإباضي

ينسب المذهب الإباضي إلى مؤسسه الأول، وهو أبو الشعثاء الإمام جابر بن زيد الأزدي التابعي ، والذي ولد في عام 642 م الموافق لعام 21 هـ. وقد وردت روايات كثيرة عن مكان مولده فقال البعض إنه وُلد في بلدته نزوى في عمان، وقال البعض الآخر إنه وُلد في البصرة، وقد توفي على أرجح الروايات في عام 93 هجرية. وكان الإمام جابر قد تتلمذ وأخذ الفقه الإسلامي على يد كبار الصحابة مثل: عبد الله بن عباس، وأم المؤمنين عائشة (رضي الله عنهما). وهي فرقة إسلامية قد انبثقت وانشقَّت بالأساس عن الخوارج في الربع الأخير من القرن الأول للهجرة. ولكن كان الناطق باسم هذا المذهب هو عبد الله بن إباض التميمي. ويعتقد أيضاً بأنه قد عاصر مؤسس دولة بني أمية معاوية بن أبي سفيان (رضي الله عنه)، وتوفي في عهد الخليفة الأموي عبد الملك بن مروان، وكان من الدعاة الإباضيين. وهو

من أهل قرية (إباض) في نجد. وهو أحد تلاميذ الإمام جابر، فاشتهرت حركتهم باسمه فدعيت الإباضية بهذا الاسم.

وقد تأسس هذا المذهب في مدينة البصرة وقد حكمت أسرة إباضية في العصر العباسي الثاني، وهو عصر الضعف والانحطاط وقيام الدويلات والإمارات الانفصالية، وهي الأسرة الرُسْتُمِيَّة، أو الامارة الرُسْتُمِيَّة في (تاهرت)، واستمرت أكثر من 130 سنة، إلى حين زوال حكمها على أيدي الفاطميين، وبالتالي يعتبر المذهب الإباضي من أقدم المذاهب الإسلامية على الإطلاق وأقربهم إلى الجماعة الاسلامية تفكيرا فهم ابعدهم عن الشطط والغلو ولذلك بقوا ولهم فقه جيد وفيهم علماء ممتازون. ولدى الإباضية كتاب في الحديث النبوي الشريف اسمه: (مسند الإمام الربيع بن حبيب بن عمر الأزدي البصري)، وقد ألفه السيد أبو يعقوب الوارجلاني رحمه الله.

وهذا الكتاب يعتبر وبحق من أقدم وأدق كتب الحديث النبوي الشريف بعد القرآن الكريم. وقد قال ابن حزم الأندلسي عنهم: "وأقرب فرق الخوارج إلى أهل السنة هم أصحاب عبد الله بن يزيد الإباضي الفزاري الكوفي. وقد التزموا في اختيار إمامهم الصفاتِ والشروط المتوافق عليها عند سائر المذاهب الإسلامية الأخرى وهي: العلم والعدالة والكفاية وسلامة الأعضاء.

وقد انقسمت الإباضية إلى فرق من أهمها:

1- الحفصية: نسبة إلى إمامهم حفص بن أبي المقدام.

2- اليزيدية: وهم أتباع يزيد بن أنيسة، قالوا نتولى المحكمة الأولى ونبرأ ممن كان بعد ذلك من أهل الأحداث.

3- الحارثية وهم أتباع حارث الإباضي، وقد قالوا في القدر بقول المعتزلة وخالفوا فيه سائر الإباضية.

4- أصحاب طاعة لا يراد الله بها. ولهم بوجه عام آراء فقهية جيدة وقد اقتبست القوانين المصرية في المواريث بعض آرائهم وذلك في الميراث بولاء العتاقة. فإن القانون المصري أخرّه عن كل الورثة حتى عن الرد على أحد الزوجين، مع أن المذاهب الأربعة كلها تجعله عقب العصبة النسبية ويسبق الرد على أصحاب الفروض الأقارب.

الفصل الثاني
المذهب الزيدي

ينسب المذهب الزيدي إلى مؤسسه الإمام زيد بن علي بن زين العابدين بن الحسين بن علي بن أبي طالب رضي الله عنه، والذي وُلِد عام 80 هجرية، وتوفي عام 122 هجرية

وقد تلقى العلم الشرعي عن أبيه علي زين العابدين، وأخيه محمد الباقر، وله كتاب اسمه (المجموع) في الفقه الإسلامي والحديث. وقد أجمع العلماء على جلالة قدره وسعة علمه وورعه وزهده وتقواه وصلاحه وسمو خلقه. وهي أول فرقة إسلامية منشقة ومنبثقة بالأساس عن الشيعة الاثني عشرية (الإمامية). ويعتبر مذهباً إسلامياً معتدلاً، وهو المذهب الخامس بعد المذاهب الأربعة لأهل السنة والجماعة، فهم في الأصول على مبادئ المعتزلة، وفي الفروع أقرب إلى المذهب الحنفي. وقد استطاع الزيديون عبر تاريخهم الطويل أن ينشئوا إمارات عديدة في التاريخ الإسلامي وهي:

1/ الإمارة الزيدية في طبرستان.

2/ إمارة الأدارسة وعاصمتها فاس.

3/ المملكة الزيدية المتوكلية، وهي آخر دولة زيدية إسلامية في التاريخ الإسلامي حكمت لما يقارب 1100 سنة ابتداء من عام 893م وحتى سقوطها عام 1962م.

وتجدر الإشارة إلى أن مؤسس هذه الدولة هو أحد أجداد الإمام يحيى حميد الدين ملك المملكة المتوكلية، وهو الهادي إلى الحق يحيى بن الحسين بن القاسم بن إبراهيم بن إسماعيل بن إبراهيم بن الحسن بن الحسن بن علي بن أبي طالب رضي الله عنه، الذي كان يعيش في قرية الرس بالقرب من المدينة المنورة، متأثراً بالنشاط العلمي الزيدي لجدِّه القاسم الرسي، وقد عُقِدَت الإمامة الدينية له والتَفَّ أبناء القبائل حوله، وقد استطاع أن يحارب فتنة القرامطة بكل حنكة وقوة وصبر وعزم، لا يلين وقد استنفذ علي بن الفضل صاحب الدعوة الإسماعيلية والتي اتّشحت بثياب القرامطة كثيراً من جهد الإمامة الزيدية ومصادرها المادية، مما أكسب الهادي إلى الحق يحيى بن الحسين بن القاسم الرسي شهرة وشعبية بالغة الصيت ومنقطعة النظير.

الفصل الثالث
المذاهب الأربعة لأهل السنة والجماعة

سنذكر المذاهب الإسلامية السنية الأربعة بوجه عام، بدءاً من الأقدم فالأحدث بالترتيب، وهي كالتالي:

1. **المذهب الحنفي:** وهو مذهب فقهي إسلامي، وأقدم المذاهب الأربعة، والذي ينسب إلى الإمام أبي حنيفة النعمان بن ثابت الكوفي العربي، وهو إمام مدرسة أهل الرأي والقياس، وقد ولد في الكوفة عام 80 للهجرة وتوفي عام 150 للهجرة في بغداد.

ولقد اهتم بحرية العقل واستعمال الرأي والقياس، وقد تميز بقدرة فائقة على الاستنباط، فأحدثت أفكاره تياراً إسلامياً واسعاً، واستقطب الكثير من المؤيدين له، ساعد وجود رجال حملوا على عاتقهم نشر المذهب الحنفي أمثال أبي يوسف قاضي القضاة في زمن الخليفة العباسي هارون الرشيد على انتشار هذا المذهب انتشاراً واسعاً، حيث تولى القضاء لثلاثة من الخلفاء العباسيين، منذ أيام المهدي ثم الهادي ثم هارون

الرشيد. وقد حظي الفقه الحنفي بمحمد بن الحسن الشيباني الذي دوّن فقه هذا المذهب وسجله، وكذلك محمد بن شجاع الثلجي الذي كان يحتج بفقه الحنفية، وأظهر عللـه وقـواه بالحديث. ومن الكتب التي دوّنت فيها آراء أبي حنيفة وروايته؛ كتاب الآثار، وقد رواه يوسف عن أبيه عن أبي حنيفة وكتاب الخراج وهو الأثر القيّم الذي وضع فيه أبو يوسف نظاماً مقرراً ثابتاً لمالية الدولة الإسلامية وكتاب اختلاف بن أبي ليلى وكتاب الردّ على سير الإمام الأوزاعي.

2. **المذهب المالكي:** مؤسسه هو الإمام مالك بن أنس الأصبحي الحميري المدني الذي ولد في المدينة المنورة سنة 93 هجرية. وهو إمام مدرسة أهل الحديث في الحجاز. ولقد عاصر الخليفة الأموي عبد الملك بن مروان، وتوفي في سنة 179 هجرية في البقيع، في عهد الخليفة العباسي هارون الرشيد، حيث قضى أكثر حياته في المدينة المنورة، وعاصر بعض الفتن والصراعات والحروب.

ولقد تصدى للإفتاء والدرس في المسجد النبوي الشريف، وقد مكَّنَه ذلك من الوقوف على مشاكل المسلمين الوافدين على مسجد الرسول (ص)، لذلك عرف ولقب بإمام دار الهجرة. تلقى الإمام مالك العلم عن تلاميذ ابن عمر، وعن الفقهاء السبعة،

وكان صلباً في موقفه ودينه بعيداً عن الملوك والسلاطين والأمراء. تتلخص آراؤه ومبادئه الفقهية في أن القرآن الكريم والسنة النبوية الشريفة المطهرة هما الأساس في الاعتماد عليهما في الحكم الفقهي، لاسيما وأن أهل المدينة هم أفضل الناس وأعلمهم بتفسيرهما وفهمهما وتطبيق أحكامهما. وكان يُقَدِّمُ إجماع أهل المدينة وأعمالهم باعتبارهم قد اتبعوا نهج التابعين والصحابة قبلهم، وكان يُقَدِّمُ إجماع أهل المدينة على (خبر الواحد) إذا كان مخالفاً له. وبعد السنة النبوية يرجع للقياس وهو الاجتهاد. وقد بنى كثيراً من مذهبه على المصالح المرسلة، وهو بذلك يختلف عن مذهب أبي حنيفة، حيث كره الإمام مالك الأخذ بالرأي. ومن أهم مصنفات الإمام مالك رحمه الله هو كتاب الموطَّأ في الحديث النبوي الشريف وهناك أيضاً بعض الكتب الأخرى التي في نسبتها للإمام مالك كلام مثل كتاب رسالة في القدر أرسلها إلى تلميذه ابن وهب ورواها هذا عنه وايضاً كتاب رسالته في الأقضية كتبها لبعض القضاة ورواها عنه بعض تلاميذه أيضاً.

3. **المذهب الشافعي**: مؤسسه هو الإمام محمد بن إدريس الشافعي القرشي الذي ولد في سنة 150 هجرية، وتوفي في سنة 204 هجرية. وقد تلقى الفقه في مكة على يد مسلم بن خالد شيخ

الحرم المكي ومفتيه. ولقد سلك في أول أمره مسلك الإمام مالك؛ باتباع طريقة أهل الحديث في المدينة المنورة في الحجاز، حيث رحل إلى المدينة وقرأ الموطأ على الإمام مالك، وأخذ العلم عنه.

ثم سافر إلى العراق ثلاث مرات، والتقى خلالها بتلاميذ أبي حنيفة وأخذ عنهم، وبذلك فإن فقهه هو المزج بين طريقة أهل الحديث في الحجاز وطريقة أهل الراي في العراق. ولقد توسَّط في آرائه الفقهية بين الإمامين أبي حنيفة والإمام مالك. وخالف فيه أيضاً الإمام مالكاً في كثير من المسائل، وكما إنه هو الذي كتب كتبه بنفسه وأملاها على تلاميذه، ولم يعرف هذا لغيره من كبار الأئمة. ومن الكتب التي دوّنت الفقه الشافعي: الرسالة، والأصولية، والأم، والمبسوط.

4. **المذهب الحنبلي**: مؤسسه هو الإمام أحمد بن محمد بن حنبل الشيباني المروزي، الذي قيل بأن ولادته كانت ببغداد سنة 164 هـ وقد جاءت والدته به حاملاً في الأصل من مرو في خراسان التي كان بها أبوه، وهو عربي النسب من جهة أبيه وأمه، إذا ينتهيان إلى قبيلة شيبان؛ وهي قبيلة ربعية عدنانية تلتقي مع النبي محمد صلى الله عليه وسلم في نزار بن معد بن عدنان. ونشأ وطلب العلم وسمع الحديث من شيوخ بغداد، ثم رحل إلى الكوفة والبصرة ومكة والمدينة واليمن والشام والجزيرة، وتوفي

في بغداد سنة 241 هجرية. ولقد قال الإمام الشافعي عنه: "خرجت من بغداد وما خلفت بها أتقى ولا أفقه من ابن حنبل".

ولقد حدَّث عنه الإمام البخاري والإمام مسلم والإمام أبو داوود السجستاني. ولقد اتخذ الإمام أحمد بن حنبل مذهباً متميزاً في الفقه باعتماده على المأثور وروايته، وقليلاً ما كان يعتمد على القياس، وهذا تسبب في إبعاد الناس عنه ولجؤوا للمذاهب الأخرى لما فيها من متسع لما يعرض لهم في حياتهم. وقد اختلف على الإمام أحمد بن حنبل، أهو من أهل الفقه، أم من أهل الحديث؟! ولكن كان الراجح عليه أنه كان إمام في علم الحديث النبوي الشريف. وتجدر الإشارة بأن للإمام أحمد بن حنبل كتاب في الحديث النبوي الشريف وهو (مسند الإمام أحمد بن حنبل رحمه الله) بالإضافة إلى الكتب الأخرى في الحديث النبوي الشريف مثل: صحيح البخاري، وصحيح مسلم، وسنن أبي داوود، وسنن الترمذي، وسنن النسائي، وسنن ابن ماجه.

الفصل الرابع
فرق كلامية اسلامية على منهج اهل السنة والجماعة

سنتناول هنا أهم الفرق الكلامية الإسلامية القريبة من منهج أهل السنة والجماعة، وهي كالتالي:

1/ الأشاعرة: وهم أتباع أبو الحسن الأشعري، والذي ولد في البصرة عام 260 هـ والمتوفى في بغداد عام 333 هجرية. وهو من ذرية الصحابي الجليل أبي موسى الأشعري صاحب رسول الله (ص) والإمام علي بن أبي طالب رضي الله تعالى عنه. ولقد كان الأشعري في بدايته معتزلياً، وأخذه عن شيخه أبي علي الجبائي المعتزلي، وقد تبرأ عن اعتزاله فيما بعد وأصبح له مذهبه الخاص في علم الكلام؛ وهو مذهب معتدل أصبح قريباً من أهل السنة والجماعة. ولقد نال لقب إمام أهل السنة والجماعة ومن اتباع الأشعرية: أبو بكر الباقلاني، والراغب الأصفهاني، وأبو حامد الغزالي وسواهم.

ومن أشهر مؤلفات أبي الحسن الأشعري كتابه المسمى (مقالات الإسلاميين واختلاف المصلين)، وهو متخصص في علم الكلام وتاريخ الفرق والملل والنحل والأهواء.

2/ الماتريدية: وهو محمد بن محمد بن محمود المعروف بأبي منصور محمد الماتريدي (وهو من ذرية الصحابي الجليل أبي أيوب الأنصاري رضي الله عنه) المتوفى سنة 332 هجرية، والملقب بإمام الهدى. والماتريدي نسبة إلى ماتريد مولده وهي قرية من قرى سمرقند من بلاد ما وراء النهر وقد ظهرت في أوائل القرن الرابع الهجري، وهم فرقة كلامية إسلامية وقد ثبت قطعاً إنه تلقى علوم الفقه الحنفي والكلام على نصر بن يحيى البلخي المتوفي عام 268 هـ، وقد كانت هذه البلاد مواطن المناظرات والمجادلات في الفقه وأصوله، وكانت تجري المناظرات الفقهية بين الحنفية والشافعية وكانت المآتم تحيا بالمناظرات في المسجد في علم الكلام، كما كانت تجري في الفقه وأصوله. وقد عاش الماتريدي في تلك الحلبة التي كان السباق فيها لنتائج الفكر والعقل وكان حنفي المذهب، وقد ناظر الفقهاء والمحدثين ولكن بمنهاج غير منهاج الأشعري وإن كانا تلاقيا في كثير من النتائج لا في كلها. ولقد ذكرها ياقوت الحموي في كتابه (معجم البلدان) فقال: ماتيرب. ويعتبر 90% من الأحناف هم في الحقيقة

ماتريدية. ومن أشهر كتب الماتريدية: كتاب التوحيد، وكتاب تأويل القرآن، وكتاب الرد على القرامطة، وكتاب رد كتاب الإمامة لبعض الروافض، وغيرها.

الفصل الخامس
مذاهب اسلامية منقرضة من اهل السنة والجماعة

سنتناول هنا أهم المذاهب الإسلامية والتي لم يكتب لها البقاء مما أدى إلى انقراضها بسبب عدم وجود التلاميذ الذين يكتبون المبادئ الفقهية لها وهي كالتالي:

١/ **المذهب الأوزاعي**: هو أبو عمرو عبد الرحمن بن محمد الأوزاعي الدمشقي، إذ ولد في دمشق عام ٨٨ ﻫ ونشأ فيها، وإن كان قد سكن آخر عمره بيروت ومات فيها عام ١٥٧ هجرية. وهو إمام عصره عموماً، وإمام أهل الشام خصوصاً كما قال الذهبي.

وكان من الفقهاء الذين يكرهون القياس ولا يقدِّمون على الحديث شيئاً حاشا للقرآن ولذلك كان يوصي باتباع السنة ولزوم الجماعة ويقول: "إذا بلغك عن رسول الله (ص) حديث فإياك أن تقول بغيره، فإنه كان مبلغاً عن الله".

وكان رحمه الله وَرِعاً تقياً لا يخاف في قول الحق شيئاً. وقد كان أهل الشام ثم أهل الأندلس على مذهب الأوزاعي مدة من الدهر، ثم فني العارفون به وبقي منه ما يوجد في كتب الخلاف. ومعنى ذلك أن هذا المذهب ضَعُفَ أمرهُ حتى ذهب أَمَامَ مذهب الشافعي بالشام ومذهب مالك بالأندلس، وكان هذا في القرن الهجري الثالث.

2/ **مذهب الثوري:** هو أبو عبد الله سفيان بن سعيد الثوري الكوفي والذي ولد عام 97 هـ والمتوفى عام 161 هجرية على الأصح. وكان من الأئمة المجتهدين بإطلاق جمع بين الأمانة في علم الحديث وغيره من العلوم الأخرى. وفيه يروي ابن خلكان أنه قال: "كان عمر بن الخطاب رضي الله عنه في زمنه رأس الناس، وبعده عبد الله بن عباس رضي الله عنه، وبعده الشعبي، وبعده سفيان الثوري، إلا أن مذهبه لم يكثر اتِّبَاعُه ولم يطل تقليده بل انقطع عن قريب".

3/ **مذهب الليث بن سعد:** وهو أبو الحارث الليث بن سعد الذي ولد عام 94 هـ والمتوفى عام 175 هجرية. ترجمه الخطيب البغدادي في شيء من الطول ترجمة نفهم منها أنه كان فقيه أهل مصر، وأن الإمام مالك بن أنس أفاد منه كثيراً من العلم والفقه.

4/ **المذهب الظاهري**: وينسب إلى أبي سليمان داوود بن علي الأصفهاني الظاهري، والمتوفى عام 170 هجرية. وهو شيخ أهل الظاهر، وواضع أساس هذا المذهب الذي انتصر له من بعد وأعلى بنيانه. هو علي بن سعيد بن حزم الأندلسي، الذي ولد عام 384 هـ والمتوفى عام 456 هجرية، وذلك بما ألَّف من كتب كلها لها أهميتها. ومن أهم هذه الكتب: كتاب (المحلى في الفقه) و(الأحكام في أصول الأحكام في أصول الفقه). وأساس مذهب داوود العمل بظاهر القرآن والسنة ما دام لم يُقَمْ دليلٌ على إرادة غير الظاهر، ثم عند عدم النص يأخذ بالإجماع بشرط أن يكون إجماع علماء الأمة جميعاً. ومهما يكن فقد كان داوود حافظاً من حفاظ الحديث، فقيهاً مجتهداً، صاحب مذهب مستقل، بعد أن كان شافعياً، تبعه فيه جمع كثير، ومع هذا فإن مذهبه لم يبق طويلاً، فقد أخذ في الاضمحلال في القرن الخامس الهجري، ثم انقرض تماماً في القرن الثامن، وليس له من أثر الآن إلا في الكتب.

5/ **المذهب الطبري**: هو أبو جعفر محمد بن جرير الطبري. حيث ولد في منطقة طبرستان عام 224 هـ، والمتوفى ببغداد عام 310 هجرية وله 87 عاماً. وهو كما يقول عنه ابن النَّديم: "علامة وقته وإمام عصره وفقيه زمانه". وكان مع هذا محدثاً جليلاً

ومؤرخاً عظيماً ومفسراً مشهوراً، أي إنه كان متقنناً ومتفنناً في جميع العلوم، منها: علوم القرآن، والنحو، والشعر، واللغة، والفقه. وقد أخذ الحديث عن الشيوخ الفضلاء مثل محمد بن حميد الرازي وأبي جريج وأبي كريب. وقد قرأ الفقه على داوود وأخذ فقه الشافعي عن الربيع بن سليمان بمصر وأخذ فقه مالك عن يونس بن عبد الأعلى وبني عبد الحكم محمد وغيره أيضاً. وقد قال أبو الفرج المعافي: وكان أبو مسلم الكجي ينتمي إلى أبي جعفر الطبري في الفقه وكان في سن أبي جعفر.

وهو كثير الحفظ.. ومن مؤلفاته الشهيرة:

1/ مصنف في التاريخ واسمه (تاريخ الأمم والملوك)، وهو من أحسن المؤلفات التاريخية على الإطلاق.

2/ كتاب في تفسير القرآن الكريم، واسمه جامع البيان في تفسير القرآن الكريم. وفي الحقيقة؛ فقد كان القاضي المشهور أبو الفرج المعافي بن زكريا النهرواني ويعرف بابن طرارا على مذهبه؛ فقد كان فقيهاً اديباً شاعراً عالماً بكل علم.

الفصل السادس
فرق أخرى

سنذكر هنا أهم الفرق الأخرى بشكل عام ومختصر وهي كالتالي:

الخوارج: وقد انقسمت الخوارج إلى فرق عدّة، غلاة ومعتدلين وقد اجمعت على تكفير علي بن أبي طالب رضي الله عنه ومعاوية والحكمين نذكر منهم ما يلي:

1/ النجدات: وهم اتباع نجدة بن عامر الحنفي من بني حنيفة وكانوا في الاصل باليمامة مع ابي طالوت الخارجي ولكنهم تركوه وبايعوا نجدة سنة 66 هجرية وهم من غلاة فرق الخوارج وقد سببوا الكثير من القلاقل والتوترات والاضطرابات في عصر بني امية

2/ الأزارقة: وهم اتباع نافع بن الازرق الذي كان من بني حنيفة وكانوا اقوى الخوارج شكيمة واكثرهم عددا واعزهم نفرا

وهم الذين تلقوا الصدمات الاولى من ابن الزبير والامويين وقد قاتل الخوارج بقيادة نافع قواد عبد الله بن الزبير وقواد الامويين 19 سنة وقد قتل نافع في ميدان القتال ثم تولى بعده نافع بن عبيد الله ثم قطري بن الفجاءة المازني التميمي وهي من فرق غلاة الخوارج ايضا

3/ العجاردة: وهم اتباع عبد الكريم بن عجرد أحد اتباع عطية بن الاسود الحنفي الذي خرج على نجدة بن عامر الحنفي وذهب بطائفة من النجدات الى سجستان وانهم لهذا قريبون في منهاجهم من النجدات اذ هم انبعثوا من أصل نحلتهم.

4/ الصفرية: وهم اتباع زياد بن الاصفر وهم بشكل عام من معتدلي الخوارج وتتشابه بعض مبادئها مع اتباع المذهب الاباضي ومن الصفرية ابو بلال مرداس وكان رجلا صالحا خرج في ايام يزيد بن معاوية بناحية البصرة ولم يتعرض للناس وكان يأخذ من مال السلطان ما يكفيه ان ظفر به ولا يريد الحرب فأرسل اليه عبيد الله بن زياد من قتله. ومن الصفرية ايضا عمران بن حطان وكان شاعرا زاهدا قد طوف في الاقاليم الاسلامية فارا بنحلته وقد انتخبه هؤلاء الخوارج اماما لهم بعد أبي بلال. وتجدر الاشارة بان الفرقة الصفرية قد استطاعوا ان يقيموا امارة لهم في التاريخ الاسلامي وبالتحديد في العصر

العباسي الثاني وهو عصر الضعف والانحطاط للدولة العباسية وهي امارة بني مدرار في سجلماسة. بالإضافة الى وجود فرق اخرى للخوارج مثل المحكمة الاولى وغيرها

سنتناول الان مختصر فرق المعتزلة وهي كالتالي:

1/ الواصلية: وهم اتباع واصل بن عطاء الغزال ولقب (بالالثغ) الذي كان تلميذاً لأستاذه الامام التابعي (الحسن البصري رضي الله عنه الذي ولد في خلافة عمر بن الخطاب رضي الله عنه وتوفي في البصرة سنة 110 هجرية عن 88 سنة) واختلف معه على حكم مرتكب الكبيرة هل هو مسلم ام كافر وقال انه في منزلة من المنزلتين وهذا مبدا من جملة المبادئ الفقهية لفرقة المعتزلة.

2/ الهذيلية: وهم اصحاب ابي الهذيل العلاف شيخ المعتزلة في القرن الثاني الهجري

3/ النظامية: وهم اتباع ابراهيم بن سيار النظام تلميذ ابي الهذيل العلاف

4/ الحائطية: وهم اصحاب احمد بن حائط

5/ البشرية: وهم اصحاب بشر بن المعتمد

6/ المعمرية: وهم اتباع معمر بن عباد السلمي

7/ الثمامية: وهم اصحاب ثمامة بن أشرس النميري

8/ الجاحظية: وهم اصحاب الجاحظ الاديب المشهور فقد كان مع أدبه عالماً معتزلياً وهو صاحب كتاب البيان والتبيين وكتاب الحيوان وقد سمي بالجاحظ لجحوظ عينيه

9/ الجبائية: وهم اصحاب ابي علي الجبائي استاذ الامام ابو الحسن الاشعري الذي كان شيخ المعتزلة في القرن الثالث الهجري .

الخاتمة

استعرضنا في بحثنا هذا المختصر تاريخ المذاهب الإسلامية في القرون الهجرية الثلاثة الأُوَل، والغرض الأساسي من بحثنا هذا في الحقيقة هو إعطاء نبذة بسيطة ويسيرة ومختصرة حول تاريخ نشأة هذه المذاهب الإسلامية من وجهة نظر تاريخية بحتة وهو ليس بكتاب متخصص فيما يسمى علم الكلام (التوحيد) ، ومن دون الخوض في التفاصيل الدقيقة الاخرى والمتروكة لأهل الاختصاص بطبيعة الحال لكل مذهب من المذاهب الإسلامية وايضا خشية الإطالة على القارئ المبتدئ والعادي غير المتخصص . هذا ونسأل الله سبحانه وتعالى أن نكون قد وفقنا في بحثنا هذا – المتواضع في الحقيقة وان يكون في ميزان حسناتنا يوم القيامة – ولا ندَّعي ابدا الكمال في ذلك والله سبحانه وتعالى من وراء القصد.

المصادر والمراجع

1. موسوعة *(الأديان الميسرة)*، تأليف جماعة من المختصين، دار النفائس، الطبعة الخامسة لعام 2011.

2. *(تأملات في روائع الحضارة العربية الإسلامية في العلوم والفنون)* للأستاذ حمدي عبد الله نافع، إثراء للنشر والتوزيع، جامعة الأزهر، الطبعة الأولى لعام 2012 م.

3. *(المدخل لدراسة الفقه الإسلامي)* للدكتور محمود الكبيسي، مؤسسة الريان ناشرون، الطبعة الأولى لعام 2012م.

4. *(الملل والنحل)* لأبي الفتح الشهرستاني، المكتبة العصرية، بيروت صيدا، لعام 2015 م.

5. *(المدخل لدراسة الفقه الإسلامي)* للأستاذ الدكتور محمد يوسف موسى، دار العالم العربي، الطبعة الأولى لعام 2018 م.

6. (الاتجاهات المذهبية في اليمن حتى نهاية القرن الهجري الثالث) للدكتور محمد عيسى الحريري، عالم الكتب، الطبعة الثانية لعام 1997 م.

7. (دراسات يمنية..تاريخ الزيدية) تحقيق وتعليق الدكتور محمد زينهم، الناشر مكتبة الثقافة الدينية مصر.

8. (أنباء الزمن في أخبار اليمن من سنة 280 وحتى سنة 322 هجرية) صححه ووضع حواشيه وقدم له محمد عبد الله ماضي، مكتبة الثقافة الدينية مصر.

9. (فتنة السلطة.. الصراع ودوره في نشأة بعض غلاة الفرق الإسلامية من القرن الأول وحتى القرن الرابع الهجري) عواطف العربي شنقارو، الطبعة الثانية، حزيران /يونيو/ الصيف 2001، دار الكتب الوطنية/ بنغازي – ليبيا.

10. تاريخ المذاهب الاسلامية في السياسة والعقائد وتاريخ المذاهب الفقهية للإمام محمد ابو زهرة دار الفكر العربي القاهرة مصر عام 2009 م

11. كتاب الفهرست تأليف / ابن النديم المتوفى سنة 380 هـ دار الكتب العلمية بيروت لبنان - الطبعة الثالثة لعام 2010 م

12. طبقات الفقهاء لابي اسحاق الشيرازي (393هـ – 476هـ) مكتبة الثقافة الاسلامية - مصر لعام 2011 م